Veronika Seitz

Die 'Utopia' Thomas More's

Neuzeitliche utopische Literatur im englischen Humanismus

GRIN Verlag

Bibliografische Information der Deutschen Nationalbibliothek:

Die Deutsche Bibliothek verzeichnet diese Publikation in der Deutschen Nationalbibliografie; detaillierte bibliografische Daten sind im Internet über http://dnb.d-nb.de/ abrufbar.

Impressum:

Druck und Bindung: Books on Demand GmbH, Norderstedt Germany
ISBN: 978-3-656-34254-0

Dieses Buch bei GRIN:

http://www.grin.com/de/e-book/207093/die-utopia-thomas-more-s

KATHOLISCHE UNIVERSITÄT EICHSTÄTT-INGOLSTADT / NDL

PS Literatur der frühen Neuzeit (Humanismus/Reformation)

Verfasserin: Veronika Seitz

Die „Utopia" Thomas More's

Neuzeitliche utopische Literatur im englischen Humanismus

Mit der Herausgabe der „Utopia"[1] 1516 eröffnete Thomas More die vielschichtige utopische Literatur der europäischen Neuzeit.

Unabdingbare Grundlage für das Verständnis der *Utopia* sind dabei folgende drei Aspekte: der politische, der humanistische und der religiöse. Diese Elemente waren in jedem Lebensabschnitt Mores präsent, arbeitete der Humanist und katholische Christ More doch als Jurist und Politiker. Um 1516, dem Erscheinungsjahr der *Utopia*, nimmt die humanistische Komponente die dominierende Stellung ein. Da die geschichtlichen Bedingungen, die dem Ansatz *Utopia*s zugrunde liegen, sich in der Biographie Mores spiegeln, soll im Folgenden zunächst sein Lebenslauf geschildert werden.

Einem konzisen Überblick über Form und Inhalt des Romans schließt sich im Hauptteil die Analyse von „Utopia" an, der oben bereits erwähnten Einteilung gemäß nach politischer, humanistischer und katholischer Tragweite.

Interpretationen verschiedenen geisteswissenschaftlichen Hintergrundes werden erwähnt. Die Betrachtung schließt mit einem Ausblick auf die später entstandene utopische Literatur und ihre Veränderung einschließlich der Veränderung des Begriffs der Utopie.

1. Biographie Thomas Mores

Als Sohn einer in den bürgerlichen Juristenstand aufgestiegenen Familie wurde Thomas More am 6. oder 7. Februar 1478 in London geboren. Er besuchte zunächst die Lateinschule, woraufhin sein Vater ihn als Page beim damaligen Lordkanzler, dem Erzbischof Morton, unterbrachte. Sein Vater machte ihn mit den materiellen Sorgen der Welt seiner Zeit vertraut,

---

[1] Der Titel der Originalausgabe lautete: *„Libellus vere aureus nec minus salutaris quam festivus de optimo reipublicae statu deque nova insula Utopia"* (Ein wahrhaft herrliches, nicht weniger heilsames denn kurzweiliges Büchlein von der besten Verfassung des Staates und von der neuen Insel Utopia.)

während er bei Morton die Mächte kennen lernte, die über die Welt bestimmten. „So wurden frühzeitig in ihm die Keime zu dem Verständnis der Gegenwart, vor allem ihrer materiellen Fragen, geweckt, das den Humanisten des Nordens, der Mehrzahl nach bloßen Schulgelehrten, in der Regel sehr mangelte." (Kautsky, S. 133)

Dank eines Stipendiums konnte er in Oxford die „artes", also die freien Künste studieren und beschäftigte sich neben dem Griechischstudium mit den antiken Klassikern. Ab ca. 1494 trat er auf Wunsch seines Vaters die Ausbildung zum Jurist in einer der Londoner Juristenkorporationen an und wurde bald darauf ein erfolgreicher und gut verdienender Rechtsanwalt.

Als gelehrter Jurist und angesehener Bürger wuchs er in öffentliche Ämter hinein und war so ab 1504 Mitglied des House of Commons, ab 1510 „Undersherrif" von London, das heißt Berater des Bürgermeisters in Angelegenheiten der Rechtsprechung. Im Jahre 1515 nahm er als Vertreter der Londoner Interessen an Gesandtschaft nach Flandern teil. Auf dieser Reise entstand die *Utopia*, die ein Jahr später in den Niederlanden zuerst veröffentlicht wurde.

More stieg zu Staatsämtern auf. 1517 trat er schließlich in den Dienst des Königs, was er eigentlich nicht wollte und dem er erst nach langem Schwanken zustimmte. Im Jahre 1529 bekleidete er das Amt des Lordchancellor und trat damit an die Spitze der königlichen Räte.[2]

Neben seines öffentlichen Wirkens zieht sich die humanistische Linie (vita contemplativa) durch Thomas Mores Leben: Wie erwähnt, lernte More Griechisch, seit 1501 hielt er öffentliche Vorlesungen. Er verfasste eine Reihe von Schriften, darunter auch einige Übersetzungen aus dem Griechischen und Lateinischen. Außerdem pflegte er eine enge Freundschaft mit Erasmus von Rotterdam. Dass der Humanismus bei ihm nicht nur Denkgestalt, sondern auch Lebensform war, ist daran ersichtlich, dass er sein ländliches Haus zum Ort der Bildung, der Kunst, des humanistischen Gesprächs und der Geselligkeit machte und seine Kinder, Töchter wie Söhne gleichberechtigt, unterrichtete und unterrichten ließ. Bis 1505 rang More mit dem Gedanken, ins Kloster einzutreten, hatte er doch lange in Verbindung mit den Londoner Kartäusern gelebt. Mores christlicher Humanismus ist jedoch kirchenkritisch: er verfasste einige Schriften gegen Luther und englische Lutheraner (z.B. Tyndale) und war sehr gegen die Trennung der Kirche. Ferner verurteilte er gängige Praktiken wie den Ablasshandel oder die Selbstgeißelung, sowie die unchristliche Habgier von Vertretern des Klerus.

Thomas More legte 1532 sein Kanzleramt nieder, da er im Konflikt Heinrichs VIII. mit dem Papst um die Scheidung seiner Ehe nicht auf der Seite des Königs stand und More sich von der beginnenden Loslösung der englischen Kirche von Rom distanzierte. Er verweigerte auch 1534 den Eid auf die Suprematsakte, die den Bruch mit Rom symbolisierte und begründete seine

---

[2] Diese Karriere wird als charakteristisch für die vom englischen Königtum geförderte und durch gelehrte Bildung vermittelte Mobilität zwischen höherem Bürgertum, niederem Adel und hohen Staatsämtern beschrieben.

Entscheidung mit der Freiheit des Gewissens. Daraufhin wird er eingekerkert, aufgrund falscher Anklage zum Tode verurteilt und am 6. Juli 1535 hingerichtet. Er starb also für die Einheit der Kirche, nicht für das Papsttum als Institution oder für ein Dogma.

Im Jahre 1935 wurde Sir Thomas More heilig gesprochen. Das mag aufgrund seiner kirchenkritischen Haltung erstaunen, doch im zeitlichen Kontext betrachtet kann es als Zeichen des religiösen Widerstands gegen totalitäre Herrschaftsansprüche interpretiert werden, für den More ja (den Märtyrertod) gestorben war.[3]

2. Utopia (1516)

In seinem bekanntesten Werk *De optimo statu rei publicae deque nova insula Utopia*, kurz *Utopia*, beschreibt More ein erfundenes Inselkönigreich und knüpft damit an Platons Politeia an. Es handelt sich um einen staatsphilosophischen Dialog zwischen Thomas Morus selbst, sowie Petrus Aegidius, einen Freund Mores aus Antwerpen, an den er sich bereits im Vorwort richtet und Raphael Hythlodeus, der Protagonist, ein weit gereister erfahrener Mann von Welt. Zu Beginn steht die Diskussion der drei, wie Moral und Politik (in einem Staatswesen) zusammenwirken sollen. Daran schließt sich die Kritik an den englischen Verhältnissen, und das Bild des Idealstaats am Beispiel Utopias an. *Utopia* ist jedoch kein Lehrtraktat, sondern mit dem Anspruch rhetorischer Kunst als geistreiche Erfindung und zugleich als elegante Form der Belehrung durch indirekte Kritik verfasst. Der Text ist teilweise komplex und durch das Stilmittel der Ironie gebrochen.

Bereits in seiner Vorrede in Gestalt eines dem Werke beigelegten Briefes an Peter Aegidius weist Morus auf den eigentümlichen Sinngehalt und die literarische Gestalt des Humanistengesprächs hin, die „in lässiger Schlichtheit dargebotene Mischung aus Scherz und Ernst" (Kindler, S. 9789), dadurch bedingt, dass er ja lediglich das von den erwähnten Charakteren geführte Gespräch aufzeichne und damit auch keine hohen Ansprüche an Stil und gewählten Ausdruck gestellt werden dürften.

Das erste Buch kritisiert die englischen Sozialverhältnisse und den Verfall des Mönchtums. Das Gesellschaftssystem mit seiner Praxis ausbeuterischer Willkür, sowie die Verfahrensweise der Besitzklasse, die Agrarstruktur zugunsten von Weidewirtschaft zu zerstören, würden die Probleme des Räuberproletariats und der Landsknechtsplage selbst hervorbringen. Folgen seien die soziale Verelendung der Landlosen durch Arbeitslosigkeit und elendsbedingte Sittenverderbnis. Privateigentum erscheint als Hemmnis für die gerechte Güterverteilung.

---

[3] Die Heiligsprechung erfolgte 1935 zu einer Zeit, in der die Konflikte zwischen NS-Regime und Katholischer Kirche durch Nichtachtung der Konkordatsvereinbarungen seitens der politischen Machthaber immer offenkundiger wurden.

Im zweiten Buch beschreibt Hythlodeus das Staatsgebilde auf der Insel Utopia und führt den ursprünglichen Reisebericht fort. Er bietet die geschichtliche Wirklichkeit Utopiens als ideales Staatsmodell an. Das Buch ist die Schau (theoria) einer sinnvoll geplanten Stadtlandschaft, deren Makroorganismus die Selbstdarstellung der menschlichen Vernunftnatur ist. Oberstes Prinzip ist das naturgemäße, vernunftgeleitete Leben. Die Bildung der Gesamtbevölkerung hat zentrale Bedeutung. Es zeigt sich Mores ungebrochenes Vertrauen an die Macht der Vernunft, sein Bildungsoptimismus und seine Wissenschaftsgläubigkeit.

a) Politische Dimension der Utopia

More marginalisiert die Realpolitik, verstanden als Kunst, divergierende Interessen zu einem durchsetzungsfähigen Kompromiss zu führen. In der Diskussion zwischen Morus, Aegidius und Hythlodeus sprechen sich erstere auf die Frage, ob letzterer sich aufgrund seiner herausragenden Qualifikation als Fürstenberater in die Realpolitik einmischen sollte oder nicht,[4] deutlich für eine Beratungsfunktion aus.

Morus schlägt nach Hythlodeus' Kritik an den englischen Verhältnissen ein Politikmodell vor, das die Akzeptanz des Status quo als Erfolgsbedingung pragmatischer Politik voraussetzt. Er vertritt die Anschauung, dass man nicht alles Übel mit der Wurzel ausreißen wollen darf,[5] man stattdessen diplomatisch agieren muss, um so mit guten Ratschlägen der Öffentlichkeit den größten Nutzen zu stiften.

Hythlodeus widerspricht solchem pragmatischen Politikverständnis entschieden. Als Morus die Passage aus Platons *Politeia* wiedergibt, in der es heißt, Könige sollen Philosophen sein oder sich von Philosophen beraten lassen, erwidert er, Platon habe vorausgesehen, dass Könige nie innerlich den Ratschlägen der Philosophen zustimmen werden (Platon selbst habe das am Tyrannen Dionysos erfahren). Ein pragmatisches Politikverständnis führe nicht weiter, weil es

---

[4] Utopia S. 20ff.: *„'Wahrhaftig, lieber Raphael', meinte er [Aegidius], ,ich begreife nicht, warum du dich nicht irgendeinem Könige zur Verfügung stellst. So viel weiß ich sicher: es gibt keinen, dem du nicht hochwillkommen wärest mit solchem Wissen, solcher Welt- und Menschenkenntnis, nicht bloß zum Vergnügen, sondern um durch politische Beispiele zu belehren, um durch deinen Rat zu helfen. (...)"*

[5] More, S.50: *„So ist es nun einmal im Staate und so im Rate der Fürsten! Kannst du verkehrte Meinungen nicht gleich mit der Wurzel ausreißen (...), so darfst du deshalb doch nicht gleich den Staat im Stiche lassen (...). Du mußt auch nicht den Menschen eine ungewohnte und Maßlose Rede mit Gewalt aufdrängen, die ja doch, wie du weißt, bei Andersdenkenden kein Gewicht haben kann, sondern es lieber auf Umwegen versuchen, dich bemühen, nach besten Kräften alles recht geschickt zu behandeln, und was du nicht zum Guten wenden kannst, wenigstens vor dem Schlimmsten zu bewahren. Denn es ist ausgeschlossen, daß alle Verhältnisse gut sind, solange nicht alle Menschen gut sind, worauf wir ja noch eine hübsche Reihe von Jahren werden warten müssen."*

die Wurzel allen Übels, das **Privateigentum**, unangetastet lasse. Die elenden Verhältnisse werden weitergeführt, wenn man sich lediglich für das kleinste Übel entscheide.[6]

Morus hingegen kann sich eine funktionierende Gütergemeinschaft nicht vorstellen. Seines Erachtens führe dies zu Indolenz (Gleichgültigkeit) der Menschen untereinander, aufgrund der Faulheit zu Not, die dann in Aufruhr und Mord ausarte. Das Gemeineigentum nivelliere die Gesellschaft und zerstöre alle Autorität (vgl. More, S.55)

Hythlodeus hält Morus vor, dieser hätte nur die herrschende Eigentümergesellschaft so internalisiert, dass er außer Stande sei, sich die Alternative einer kommunistischen Gesellschaft auch nur vorzustellen. Er leitet über zu Utopia, der Alternative zu den sozio-ökonomischen Fehlentwicklungen der englischen Herkunftsgesellschaft.

More geht als Anwalt, Interessenvertreter der Handelsbourgeoisie gegenüber der Krone im ersten Buch genau von dem Politikverständnis aus, das er Hythlodeus nahe legt: pragmatisch ausgerichtet, auf Kompromisse abzielend, die gegebenen Gesellschaftsstrukturen wie Privateigentum etc. hinnehmend. In der *Utopia* hat so eine Politikkonzeption keinen Platz.

Im Stadtstaat dieser Insel herrscht eine Art Kommunismus: die Interessen des Einzelnen sind denen der Gemeinschaft untergeordnet. Ihr Regierungssystem basiert annähernd auf der Mischverfassung der römischen Republik. Monarchisches Element bildet der Fürst mit seinen Beratern, das aristokratische Element der Senat und die gewählten Haushaltsvorstände, das demokratische die Volksversammlung. Beratungen außerhalb des Senats und der Volksversammlung, beispielsweise Koalitionen zwischen dem Fürsten und seinen Beratern, werden als gegen das Volk gerichteten Umsturz und daher als „ein todeswürdiges Verbrechen" betrachtet.

Im politischen Leben Utopiens gilt der harmonische Ausgleich zwischen erwähnten drei Elementen. Die außerinstitutionelle Öffentlichkeit, in der der mündige Bürger sich erst entfalten kann, wird dem Vorrang der Konfliktvermeidung geopfert. Die Institutionen haben Konflikte gar nicht erst zum Ausbruch kommen zu lassen. Dieses Ziel ist erreichbar, da Privateigentum abgeschafft ist. Eventuelle Restkonflikte werden durch ein umfassendes Erziehungssystem, durch Kontrolle des einzelnen bei öffentlichen Mahlzeiten, der behördlichen Einengung der Bewegungsfreiheit (Reisen), dem Luxus- und Vergnügungsverbot, dem reglementierten Tagesablauf und der strikt terminierten Arbeitspflicht minimiert.

b) Utopia und der Katholizismus

Thomas More bekennt sich zum Katholizismus, hegt jedoch bedeutsame Vorbehalte an einigen Praktiken des Klerus und des Papsttums. So kritisiert er die permanente Kriegspolitik, die

---

[6] More, S.53: „(...) *wo es noch Privatbesitz gibt, wo alle Menschen alle Werte am Maßstab des Geldes messen, da wird es kaum jemals möglich sein, eine gerechte und glückliche Politik zu treiben."*

auch von der Priesterschaft unterstützt wurde und die katastrophale Folgen für die Bevölkerung hatte; daneben das Fehlen der Kriegerfürsorge, was einen Anstieg des Diebstahls und damit der Todesstrafen provozierte; ferner prangert er das Aufkaufen der Bauerngüter, und die frühkapitalistische Ausbeutung und Entwurzelung der Pachtbauern an. More kritisiert in seiner Schrift auch die Selbstkasteiung, da sie keinen Nutzen für die Mitmenschen bringe.

Die Utopier akzeptieren nicht das katholische Dogma des Selbstmords. Ein todkranker oder unheilbar Erkrankter kann sein Leben selbst durch Fasten beenden, nachdem er die Zustimmung von Priester oder Senat erhalten hat.

Das Glaubenssystem der Utopier weist der historischen Gegenwart Mores gegenüber signifikante Unterschiede auf: In Utopia gibt es nur eine kleine Anzahl Geistlicher, denn es gibt nur wenige für dieses Amt geeignete und anderenfalls würde ihr Ansehen sinken. Ihre einzige Machtkompetenz ist die Ehre, sie fungieren als „Sittenrichter" und übernehmen die politische und wissenschaftliche Erziehung der Jugend. Das Volk wählt seine Priester in geheimer Wahl, auch Frauen sind zu diesem Amt zugelassen. Die utopischen Priester leben in monogamen Ehen mit den erlesensten Frauen des Volkes, aber.

Religiöser Bilderdienst existiert nicht. Auffällig ist die prekäre Balance zwischen Vernunft und Religion (vgl. More, S. 127ff.): Auf der einen Seite glauben die Utopier, die Vernunft sei zu schwach, um von sich aus zur Erkenntnis der wahren Glückseligkeit zu gelangen. Auf der anderen Seite beschreibt Hythlodeus, dass man zu religiösen Prinzipien auch durch die Vernunft gelangen kann.

Die Religion der Utopier, die ursprünglich Heiden sind, unterscheidet sich vom katholischen Glaubensbekenntnis: ihre Gottheit ist „eine Mischung aus pantheistischer Vernunft und alles umfassender Natur" (Saage, S. 127), unter Einfluss des Hythlodeus haben sich allerdings einige zum Christentum bekannt. Es erschien denjenigen gut, da Christus die gemeinschaftliche (kommunistische) Lebensführung seiner Jünger guthieß und diese unter echten Christen heute noch üblich sei.

Der Gründungsvater des Staates, Utopos, erhob die Maxime, dass keine Religion den Anspruch auf ein allein selig machendes Bekenntnis erheben durfte. Falls es den „richtigen" Glauben geben sollte, so werde er sich von allein gewaltlos durchsetzen aufgrund vernünftiger Argumentation. Mit dem Christentum gemeinsam haben die Utopier die Überzeugung, dass es nach dem irdischen ein jenseitiges Leben gebe. Utopos begründet diese Doktrin staatspolitisch: Wer Strafe im jenseitigen Leben nicht fürchte, habe auch keinen Grund, die irdischen Gesetze zu achten.

More leugnet den Katholizismus nicht, doch seine Kritik weist ihn selbst als radikalen Reformer seiner eigenen Kirche aus. Den Roman *Utopia* benutzte er hierfür als „Kritikfolie".

c) Die humanistische Komponente der *Utopia*

In humanistischer Weise verfasste More *Utopia* in lateinischer Sprache[7], wodurch das Werk der gebildeten Oberschicht vorbehalten war und sich dem einfachen Volk fernhält. Das Werk vermittelt eine für Mores Zeiten nicht übliche „Hochhaltung der Frau, der Naturwissenschaften, [...]" [8] und präsentiert sich damit gleichsam als Vordenker unserer Zeit.

In der Schrift Mores lässt sich eine „Hegemonie der Antikenrezeption" (Saage, S. 128) erkennen. Aegidius beschreibt Hythlodeus: *„[Er] versteht nicht wenig Latein und sehr viel Griechisch! Letzteres deshalb mehr als die Römersprache, weil er sich früher ganz auf die Philosophie geworfen hatte, in der er nichts von Belang im Lateinischen fand* (...)." (More, S.17) So stellt More gleich zu Beginn den Vorrang des Griechischen für das Folgende klar.

Im Bericht Hythlodeus' wird eine Geistesverwandtschaft, die Utopier und Griechen verbindet, ersichtlich. Die Entwicklung der Utopier war bedingt durch die Sprache und frühe Hochkultur der Griechen gewissermaßen von diesen abhängig. Hythlodeus selbst macht die Utopier mit den griechischen Philosophen vertraut, vor allem mit der *Politeia* des Platon und ihren zentralen Gedanken, nämlich dass im idealen Staat die Könige Philosophen sein müssten, dem berühmten Höhlengleichnis, sowie Platons Konzeption des Gemeineigentums.

Für More stellt der platonische Idealstaat unmittelbar das von Utopia zu überbietende Vorbild dar. Utopia sei der Platonischen Konzeption überlegen. Doch hat Platons *Staat* Modellcharakter für *Utopia*. More lässt sich von der literarischen Form inspirieren, dem Dialog (in der Politeia zwischen Sokrates und Kephalos, Polemarchos oder Thrasymachos), um seinen Idealstaat zu präsentieren.

Platon legte Sokrates seine eigenen Meinungen in den Mund. Analog verfährt More mit Hythlodeus. Dieser stellt Mores Alter Ego dar, ein literarischer Kunstgriff, der die kritische Selbstreflexion des Idealstaats ermöglicht. Zudem ist More in *Utopia* selbst Diskussionsteilnehmer.

Das utopische Gesellschaftsmodell basiert auf Platons Überlegungen. Sowohl Sokrates als auch Morus gehen von einem stationären Gesellschaftsmodell aus (Platons Begründung: Vollkommenes ruht in sich selbst). In *Utopia* ist das beispielsweise an der festgelegten Anzahl der

---

[7] Vgl. Kautsky 135, More schrieb aber andere Prosa-Werke in englischer Sprache, zu deren Bildung er damit beitrug (z.B. die Geschichte Richards III.).

[8] Kautsky, S. 137. Die Fortsetzung des Zitates, „die Hochhaltung [...] der schönen Künste", gilt für More selbst, für Inselbewohner sind schöngeistige Literatur und Kunst Zeitverschwendung.

Bürger ersichtlich. Überzählige werden auf umliegende Kolonien verteilt und bei Bedarf wieder „importiert“, um eine konstante Bevölkerungsdichte zu gewährleisten.

Im platonischen wie im Moreschen Staat herrscht strenges Luxusverbot: *„(...) es gibt dort nirgends eine Möglichkeit zum Müßiggang, keinen Vorwand zum Faulenzen. Keine Weinschenke, kein Bierhaus, nirgends ein Bordell, keine Gelegenheit zur Verführung, keine Spelunken, ...“* (More, S. 80) Die meisten Spiele sind verpönt, Faulheit wird bestraft. Das Maß aller Dinge für die Utopier ist die Befriedigung ihrer natürlichen Bedürfnisse: Es genügt, sich mit einem funktionalen Gewand zu kleiden und sich mit einer frugalen Ernährung zufrieden zu geben. Doch das utopische Verbot der Überbevölkerung sowie des Geltungskonsums ist nicht nur moralisch begründet, sondern stellt eine wichtige Funktionsbedingung des ökonomischen Systems dar. Denn aufgrund der begrenzten natürlichen Ressourcen und der einfachen Arbeitsweise der Bauern und Handwerker „muss der Bedarf an materiellen Gütern konstant und berechenbar bleiben“. (Saage, S. 131)

Das wichtigste Strukturmerkmal aus der *Politeia*, das Eintreten für das kommunistische Gemeineigentum, zeigt nochmals die massive Beeinflussung *Utopias* durch Mores Antikenrezeption. Doch ist *Utopia* keine Kopie des platonischen Staatsideals. Es weist ein modernes Profil und eine Weiterentwicklung auf und brachte ein bis auf den heutigen Tag vitales literarisches Genre hervor.[9] *Utopia* geht in einigen Punkten über die *Politeia* hinaus:

Der ständische Kommunismus der Wächter und Philosophen bei Platon ist in *Utopia* auf die Gesamtgesellschaft übertragen.[10] Die monogame patriarchalische Ehe dient als staatlicher Ordnungs- und Integrationsfaktor. Die im Staat vorhandenen Arbeitsressourcen werden weitgehend mobilisiert durch die Vorschrift, bzw. die vom Staat sanktionierte Pflicht aller zur produktiven Tätigkeit. Sklavenarbeit in Utopia ist eine Angelegenheit des Strafvollzugs oder eine Konsequenz der Kriegsgefangenschaft.

Während es Platon vor allem um die Darstellung der Organisation und Verfassung der politischen herrschenden Elite ging, ist bei More die zentral gesteuerte Wirtschaft auf der Grundlage des kommunistischen Gemeineigentums Frage des materiellen Überlebens von Utopia.

---

[9] Kautsky, S. 262: „Plato findet seinen Kommunismus bei der Darlegung des Begriffs der Gerechtigkeit. Der Kommunismus Mores wird dagegen begründet mit einer Kritik der bestehenden politischen und ökonomischen Zustände.“

[10] Diese Problematik wurde in der meinem Vortrag anschließenden Diskussion kritisiert: Im Kleinen könnte die Sorge für das Gemeinwohl funktionieren, aber nicht in Staaten der Größe heutiger Nationalstaaten, wie man bei den zahlreichen sozialistischen Regierungen, beispielsweise der DDR, gesehen habe: Die Motivation zur Arbeitsleistung fehlte, weswegen doch kapitalistische Anreize geschaffen werden mussten.

Der Morus in Utopia weist ebenso darauf hin: *„Mir scheint umgekehrt, daß eine vernünftige Lebensordnung niemals dort möglich ist, wo Gütergemeinschaft besteht. Wie soll denn die Menge der Güter ausreichen, wenn jeder sich von der Arbeit drückt, weil ihn ja kein Erwerbstrieb mehr anspornt und jeder so im Vertrauen auf den Fleiß anderer Leute faul wird?“* Dies führe zu beständigem Aufruhr und Blutvergießen. (More, S. 55)

More hat die Beschäftigung mit der Wissenschaft demokratisiert, unabhängig von Geschlecht sollen alle Utopier sich beständig weiterbilden durch öffentliche Vorträge. Bei Platon galt das nur für die Philosophen.

Des Weiteren greift More den modernen Anspruch der Naturwissenschaft auf. Deren Erkenntnisse haben einerseits praktische Zwecke, andererseits der Unterwerfung der Natur zu dienen. So ließ er die Utopier u.a. Brutmaschinen und den Buchdruck erfinden. Dies zeigt das moderne instrumentelle Naturverhältnis, in dem More die moderne wissenschaftlich-technische Zivilisation antizipiert: Im Staate Utopiens werden ganze Wälder gerodet und anderswo angepflanzt. Dieser Geist des menschlichen Schaffens und Verbesserns der Natur zeigt sich auch in der Anlage der Städte, ihrer Austauschbarkeit und Funktionalität.[11]

Utopia wie *Politeia* sind beide in der Sphäre der Ideen verankertes regulatives Prinzip, das nicht durch politische Umwälzung umsetzbar ist. Doch die *Utopia* hinterfragt das Ideal einer kommunistischen Gesellschaft mehrfach.

So kann man die Utopia als frühes Beispiel einer selbstreflexiven Aufklärung lesen, die dem Leser zumutet, seine eigene begründete Entscheidung zu treffen.

3. (Nach-)Wirkung

Nach dem Erscheinen in Löwen wurde *Utopia* bald in mehrere Sprachen übersetzt und so zum Vorläufer der Romanutopie, die sich in mehrere Richtungen weiterentwickelte. Doch auch das Verständnis des Utopiebegriffs wandelte sich. Dies lässt sich als Anzeichen der veränderten politischen, gesellschaftlichen und geistigen Ströme der Zeit, aus denen sie auszubrechen versucht, verstehen.

So existieren heute zahlreiche Interpretationen und literarische Weiterführungen der *Utopia*. Zeitgenössische Interpretatoren verstehen sie zum einen als ein idealisiertes Gegenbild von Morus' zeitgenössischem Europa, andere sehen darin eine boshafte Satire eben dieses Europa. Kautsky sah *Utopia* als einen wichtigen Vorläufer des modernen Sozialismus. Der Historiker Oncken las aus ihr die intellektuelle Antizipation des britischen Imperialismus. Und die Literaturwissenschaftler um Doren und Brie behaupteten, das ideale Gemeinwesen „Utopia" sei gar nicht ernst gemeint, sondern lediglich ironische intellektuelle Spielerei. Aus katholischer Sicht sieht Surtz *Utopia* als humanistisches Manifest für eine umfassende Reformation des Katholizismus am Vorabend der von Luther ausgelösten protestantischen Revolte.

---

[11] Vgl. dazu Kautsky 142: „Zu den wenigen, die sich im Anfang des sechzehnten Jahrhunderts für die Erforschung der Gesetze der Natur interessierten und den jungen Naturwissenschaften ein weiteres Ziel wiesen, als die Befriedigung beschränkter Augenblicksbedürfnisse, gehörte Thomas More. Es ist dies zu ersehen aus der Rolle, welche er die Naturwissenschaften in seinem utopistischen Gemeinwesen spielen läßt. " Verwiesen sei hier auf die Wissenschaftsgläubigkeit.

Seit dem 17. Jahrhundert entwickelte sich eine Vielzahl von utopischen Motiven und Stoffen. Dazu zu zählen sind zum einen Reisebeschreibungen (z.B. von Bergerac, 1648), weiterhin Robinsonaden (*Robinson Crusoe* von Defoe, 1719) und Satiren (*Gulliver's Travels* von Swift, 1726). Eine weitere Gruppe bilden die barocken (christlichen) Staatsromane (z. B. die *Beschreibung des Staates Christenstadt* von J. V. Andreae, die Romane von Hallers).

Im 19. Jh. herrscht die fortschrittsgläubige Zukunftserwartung vor (vgl. H.G. Wells' *A modern Utopia*, 1905). Wenig später setzt die science fiction an. Negative Utopien (Dystopien) beschreiben eine totalitäre und repressive Gesellschaft (*Brave New World* von Huxley, 1932, und *1984* von Orwell, 1949). „Die ursprünglich so sieghaft rationale Berechnung des Glücks schlägt damit in die apokalyptische Vision des Untergangs um." (Kindler, S.9791)

Verwendete Literatur

(Brockhaus, Heinrich (1971): *Die Utopia-Schrift des Thomas Morus*, Hildesheim; vertritt die reale Existenz eines utopischen Staates, nämlich „Athos-Land", eine im Meer gelegene Ansammlung von Klöstern zwischen Thessaloniki und Istanbul.)

Kautsky, Karl (1947³): *Thomas More und seine Utopie*, Berlin

Kindlers Literatur Lexikon (1974), Band 22, München, S. 9789-9791

Morus, Thomas (1516): *Utopia*, Stuttgart 2007

Nipperdey, Thomas (1975): *Reformation, Revolution, Utopie. Studien zum 16. Jahrhundert*, Göttingen, S.113-146

Saage, Richard (2007): „Thomas Morus, Utopia (1516)" in: Brocker, Manfred (2007): *Geschichte des politischen Denkens*, Frankfurt/Main